EL PODER DE DEJAR IR

7 pasos para soltar el pasado, aprender a perdonar y vivir con plenitud

Daniel J. Martin

«El hombre no puede descubrir nuevos océanos a menos que tenga el coraje de perder de vista la orilla.»

— Andre Gide

ÍNDICE

¡Un regalo solo para ti!

¿Te gustaría leer **mi próximo libro completamente GRATIS**? ¡Escanea el código que aparece debajo y **apúntate a mi club de lectores**!

Te esperan grandes sorpresas: sé el primero en leer mis nuevos lanzamientos, escucha mis audiolibros de forma gratuita, consigue copias firmadas y dedicadas... ¡y mucho más!

Introducción

Me alegra que tengas este libro en las manos y me alegra sobre todo que quieras darle una oportunidad a eso de «soltar» que, en el campo de la psicología, puede sonar un poco abstracto o complicado (te aseguro que no lo es).

En las siguientes páginas te contaré en qué consiste soltar o dejar ir emocionalmente, y cuándo y cómo es necesario hacerlo. En mi caso, y tras años de experiencia, he descubierto que se trata de un proceso que atraviesa 7 fases o pasos consecutivos. Los repasaremos uno a uno y entenderás por qué.

Antes de empezar, debo pedirte que tengas en cuenta dos ideas básicas: la primera, que la vida es cambio. La segunda, que la vida es vinculación.

Me explico:

Desde que nacemos hasta que morimos, estamos cambiando constantemente: abrazamos cosas nuevas y dejamos otras atrás. Lo hacemos cuando abandonamos el gateo porque hemos aprendido a andar, lo hacemos cuando iniciamos una nueva relación de pareja e, inevitablemente, tenemos que dejar atrás las anteriores, lo hacemos cuando nos independizamos de nuestros padres. Es natural que sea así. La vida es evolución y nos empuja hacia adelante.

A lo largo de esa vida de cambios, por otro lado, creamos vínculos y nos implicamos emocionalmente con lo que nos rodea, ya sean personas, lugares, vivencias o aprendizajes. Esos vínculos forman parte de nuestra condición como seres humanos y son necesarios para nuestro desarrollo.

Sin embargo, algunos de esos vínculos enferman con el tiempo y terminan por provocarnos un apego disfuncional, es decir: nos encadenan y nos quitan energía en vez de ayudarnos a crecer.

¿Por qué no dejamos esos vínculos sin más, igual que en su día dejamos de gatear o de creer en Santa Claus? Pues porque no siempre sabemos identificarlos como vínculos tóxicos ni sabemos cómo cortarlos debidamente.

Cuando los vínculos se convierten en cargas emocionales, a menudo tratamos de no darles importancia o de asumir que el dolor que nos producen es normal. Esperamos que se cumpla el dicho de que el tiempo lo arregla todo, aunque no es así: el tiempo NO lo arregla todo. Lo que arregla las cosas es hacer el acto consciente y voluntario de soltar lo que nos hace daño.

¿A qué llamamos «soltar»?

En psicología, soltar significa facilitar la marcha; darnos permiso para continuar nuestro camino sin algo que hemos estado cargando, aceptando las consecuencias que puedan surgir de esa separación.

Soltar, dejar ir, significa renunciar a seguir manteniendo una relación, una creencia, un sentimiento de culpa, un resentimiento, un trabajo, etc. Es aceptar el cambio y la incertidumbre que acompaña todo lo nuevo y lo desconocido con la confianza de que estamos preparados para ello.

Dejar ir también es asumir el posible vacío o sentimiento de desamparo que sigue a cualquier separación. Por eso es importante hacerlo bien; de lo contrario, habrá recaídas en el futuro y volveremos a encadenarnos a nuevas cargas emocionales que no nos permitirán crecer ni desarrollar todo nuestro potencial.

Lo malo conocido... es malo. Punto.

Nuestra capacidad de adaptación es extraordinaria (¡mucho más de lo que creemos!), pero nos empeñamos en reprimirla porque, cuando hay que elegir entre lo malo conocido y lo bueno por conocer, elegimos lo primero. Pues bien, este libro va de aprender a elegir lo segundo, a liberarnos de lo que nos limita, entendiendo que, si algo ha sido parte importante de nosotros durante mucho tiempo, no vale dejarlo sin más, sino que es necesario un periodo de transición.

Así que este libro es para ti si:

- Sueles sentir melancolía y/o nostalgia[1].

---

[1] La melancolía y la nostalgia son sentimientos de pena similares, pero no iguales: mientras la nostalgia es la añoranza de algo concreto, la melancolía es una emoción más vaga y no siempre vinculada a algo específico.

- Llevas tiempo viviendo en «piloto automático».

- No has superado los traumas del pasado.

- No tienes la sensación de ser dueño de tu vida.

- Te asusta el futuro o envejecer.

- Sientes resentimiento y rencor.

- Llevas años con la «crisis de los 30», la de los 40 y la de los 50.

- Piensas que antes todo era más sencillo.

- Tienes pensamientos intrusivos acerca de episodios del pasado, tanto positivos como negativos, y flashbacks recurrentes.

- Te empeñas en mantener tu vida con los mínimos cambios posibles (ya sea en tu trabajo, tu dieta, la decoración de tu casa, tu peinado, etc.).

Sea cual sea tu situación actual, tu pasado o tu sentido de la vida, hoy puedes hacer dos cosas: seguir aferrado a lo que te impide crecer, pero que te da esa sensación de control que tanto ansías, o probar a soltar y observar tus cadenas desde una nueva y liberadora perspectiva.

Tal vez tengas miedo a despegar y estrellarte de nuevo, como te ha ocurrido otras veces. Tal vez te aterroriza la idea de soltar algo y luego arrepentirte de haberlo perdido. Es normal, yo también he tenido esos miedos. Pero ¿sabes qué? Que forman parte de la vida. Y solo hay una cosa que no forma parte de ella: no avanzar.

Soltar no solo es beneficioso para nuestra salud mental: es inevitable en el camino hacia la plenitud como seres humanos. Del mismo modo que ya no creemos en el Ratoncito Pérez, pero sabemos que esa creencia formó parte de nuestra vida (¡y no nos avergonzamos de ello!); debemos dejar marchar otras cosas sin sentirnos inseguros o culpables por ello.

Si quieres convertirte en la mejor versión de ti mismo —y te aseguro que esa versión es alucinante—, tienes que sacar cosas de tu vida. Tienes que hacer limpieza emocional. Pero hay que hacerlo bien. Por ahora, lo único que te pido es que leas este libro sin prejuicios. De este modo el cambio empezará de forma casi inconsciente. Poco a poco, avanzarás hasta levantar el vuelo. Te sentirás más ligero, más libre y más a gusto contigo mismo. No olvidarás el pasado, ni el que fue feliz ni el que fue doloroso, pero ya no lo cargarás como una losa. Podrás poner rumbo al futuro como una persona nueva y renovada.

Y no te preocupes por lo que dejas atrás: lo valioso seguirá contigo, solo se marchará el sufrimiento.

Prepárate para una vida que empieza ahora. Yo te ayudo a despegar.

Daniel J. Martin

¿A qué te aferras?

«Para poder llenar una taza, antes hay que vaciarla.»

— Dicho tradicional Zen

En la introducción ya he dicho que los seres humanos creamos vínculos, es decir, nos involucramos emocionalmente con nuestro entorno de forma natural e inevitable.

Esos vínculos pueden ser muy distintos en duración e intensidad: algunos son para siempre, como los que establecemos con nuestros hijos, con nuestros padres o con el lugar donde hemos nacido (aunque no siempre es así). Otros son temporales y apenas dejan rastro pasados unos años.

Para comprender de qué forma nos involucramos emocionalmente con el entorno, es importante entender qué es el apego.

El apego y los primeros vínculos

Definimos el apego o los apegos como los lazos emocionales que establecemos con las personas clave en nuestra vida, aquellas figuras que actúan como generadoras de seguridad, amor y sentido de pertenencia en las primeras etapas de nuestra existencia. De forma natural o instintiva, para cualquier bebé, la primera figura de apego es su madre[2]. Después vendrán el resto de la familia y otras personas que irán formando los hilos de su tejido emocional.

Esos primeros apegos y lazos influyen en nuestra manera de vincularnos con el mundo a día de hoy. Si son adecuados, funcionales y

---

[2] No digo que necesariamente sea así, digo que es la predisposición natural a que así sea.

seguros, estaremos más predispuestos a involucrarnos con el entorno de forma saludable (sin encadenarnos). Si esos primeros apegos son inseguros o insuficientes, es probable que desarrollemos muchas más dificultades para mantener relaciones sanas con lo que nos rodea.

La mala noticia es que esos primeros apegos no siempre son como deberían ser. Por motivos distintos, muchos de nosotros llegamos a la vida adulta con carencias afectivas que nos empujan a establecer vínculos disfuncionales, que van desde la dependencia hasta la evitación y el aislamiento.

La buena noticia es que nuestra forma de vincularnos (y, en consecuencia, de desvincularnos), se puede reaprender, modificar y sanar. Una infancia marcada por apegos inseguros influye, pero no determina, es decir, no condena. Eso significa que la última palabra la tenemos nosotros. Aunque no siempre somos conscientes de ello.

Del vínculo al grillete

¿A qué nos vinculamos normalmente, a parte de los hijos y de los padres? Pues a una profesión, a amigos, a parejas, a otros miembros de nuestra familia, a un *hobby*, a un equipo de futbol, a una cultura, a un ídolo de masas, a una ciudad, al partido político al que votamos, a ciertas costumbres, actividades, aficiones... Todo ello nos da sentido de identidad y de pertenencia, y nos ayuda en nuestro desarrollo como individuos. Sin embargo, no debemos olvidar que la vida es cambio y que los vínculos, todos ellos, son transitorios: siempre tenemos la opción de cortarlos, y debemos hacerlo cuando nos hagan sufrir o cuando nos impidan avanzar.

Estos son los principales vínculos que establecemos a lo largo de nuestra vida la mayoría de nosotros:

- Relaciones personales, especialmente de pareja.

- Relaciones familiares.

- Etapas de la vida (infancia, juventud, época universitaria, nacimiento del primer hijo...).

- Lugares de trabajo o de residencia.

- Creencias y grupos sociales.

- Éxitos propios (profesionales, personales, etc.).

- Hábitos y comportamientos.

- Nuestro pasado.

- Objetos y bienes materiales (un coche, una casa, una guitarra, un barco, una colección, fotos, etc.).

- Actividades (deportes, hobbies, etc.).

- Nuestro cuerpo.

¿Cuáles de ellos pueden convertirse en una carga emocional, es decir, en un grillete? Pues, en realidad, todos. Cualquier vivencia que nos lleve a involucrarnos con algo o con alguien de forma significativa es susceptible de volverse en nuestra contra.

Viviendo en el pasado

Crecer es un proceso natural que implica ir dejando de lado aquello a lo que estamos acostumbrados cuando queda obsoleto.

La mayoría de nosotros lo hacemos día a día, sin darnos cuenta. Ya hemos hablado de que abandonamos la etapa de gateo de forma natural. Sin embargo, cuando una parte de nuestro pasado llenó de significado nuestra vida de una forma especial, la predisposición a anclarnos a él es demasiado fuerte.

Es lo que les ocurre, por ejemplo, a algunas estrellas del cine o de la música que en un punto de su carrera tuvieron el mundo a sus pies. Superado su gran momento, otras estrellas más jóvenes llegan para ocupar su lugar, como es lógico: es entonces cuando algunos se empeñan en competir en terrenos que no son suyos por ganarse a un público que ya no los espera, consagran sus vidas a luchar inútilmente contra el paso del tiempo y se enrocan en actitudes infantiles y destructivas[3]. Se empeñan en vivir en el pasado.

Algo parecido sucede con el llamado síndrome del nido vacío: muchas mujeres que dedican los mejores años de su vida a la crianza de los hijos experimentan un gran vacío cuando estos se independizan. A menudo, esas mujeres no comprenden que el vacío que sienten *es saludable. Es lo normal,* es el resultado de un trabajo de crianza hecho con amor y compromiso. ¿Cuál es el problema? Que muchas de esas mujeres sienten ese vacío como un enemigo a evitar a toda costa. Si, además, el

---

[3] No estoy haciendo apología del edadismo. No digo que para ser una estrella haya que ser joven obligatoriamente, ni que a partir de cierta edad ya no se puedan cumplir los sueños o continuar con una carrera. Lo que digo es que no se puede vivir del pasado.

entorno no las ayuda y las presiona, haciéndolas sentir débiles o incapaces por sentir esa tristeza, esas mujeres empezarán a dudar de su capacidad para salir adelante. Entonces viene la negación de la nueva realidad y el quedarse atrapada en un limbo entre el pasado que ya no está y el presente que no se acepta.

Seguro que tú también conoces casos similares en tu entorno: el amigo de la universidad que sigue recreándose en las batallitas de cuando erais jóvenes y que vive para los reencuentros anuales de exalumnos; aquel exnovio que sigue saltando de relación en relación porque le aterra el compromiso, tu prima que dedica todos los ahorros a retoques estéticos para parecer más joven, etc.

En todos estos casos, el miedo a soltar el pasado lleva a vivir entre dos realidades: la del porvenir, que se rechaza, y la del pasado, que ya no volverá.

¿A qué sigues aferrado tú?

Me parece que es momento de que descubras qué vínculos y apegos no están funcionando actualmente en tu vida. Descubrirlo suele ser bastante fácil: son aquellos que producen tristeza, ansiedad, vergüenza, culpa, sed de justicia, enfado, sentimientos de insuficiencia, baja autoestima, etc. Muchos de ellos tienen relación con heridas del pasado que no se han cerrado bien. Otros son apegos muy recientes que, sin embargo, nos han creado una fuerte dependencia, similar a la de una droga.

Te propongo que elabores tu lista de vínculos que no sientes sanos o que vives como una carga, es decir, de vínculos que se han convertido en grilletes. No te preocupes por elaborar la lista «definitiva»: se trata de una primera lista provisional, ya que, a lo largo del tiempo, irá cambiando (de hecho, es muy posible que te lleves sorpresas...).

Como ejemplo, te dejo una lista elaborada a partir de distintos testimonios de mis clientes. Por experiencia, sé que los vínculos que producen más dolor son, paradójicamente, los que más camuflamos y los que nos provocan mayor dependencia emocional. Esto es lo que me dicen algunos de mis clientes cuando les pregunto a qué se aferran:

- El recuerdo de aquello que ocurrió en mi primer año de instituto / en mi infancia / el verano pasado / durante mi divorcio.

- La relación actual con mi jefe / padre / hermano / pareja.

- El arrepentimiento por haber tomado o no aquella decisión.

- El pesar que siento cuando comparo mi vida real con mis expectativas de juventud.

- La dependencia a este hábito / esta adicción / mi trabajo / esta persona.

- Los pensamientos especulativos (las respuestas que nunca llegaron, el imaginar cómo habría sido lo que pudo ser y no fue, etc.).

- Las emociones negativas relacionadas con mi cuerpo y el paso del tiempo.

- La decisión que sé que debo tomar, pero no puedo.

Por favor, cuando elabores tu lista, pon atención a la forma en que expresas los vínculos: ten en cuenta que lo que te mantiene encadenado a algo (por ejemplo, a un suceso del pasado), no es el suceso en sí, sino tu forma de relacionarte con él mediante emociones, pensamientos obsesivos, rumiación, sentimientos de humillación, impotencia, miedo, etc. Las cadenas siempre son emocionales, así que hay que buscar la emoción o el pensamiento que te une a cada cosa: si no has superado una infidelidad de tu pareja, lo que te produce dolor no es la infidelidad (eso ya no está ocurriendo ahora mismo), sino TUS emociones y pensamientos relacionados con ese suceso.

Cuando tengas esa primera lista, te pido que pases al capítulo siguiente, nuestro paso 2 en el proceso.

Resumen del capítulo 1

– Los seres humanos creamos vínculos de forma natural e inevitable.

– Estos vínculos pueden ser a lugares, personas, recuerdos, etapas de nuestra vida, e incluso traumas.

– Algunos de esos vínculos y apegos se vuelven tóxicos con el tiempo, o no nos permiten seguir adelante con nuestra vida, aunque a veces ni siquiera nos hemos dado cuenta.

– Los vínculos tóxicos son los que nos producen malestar, tristeza, sensación de insuficiencia, enfado, vergüenza, etc., pero que no sabemos soltar.

Por qué necesitas soltar

«Si no puedes hacer nada al respecto, déjalo ir. No seas prisionero de las cosas que no puedes cambiar.»

— Tony Gaskins

Ya hemos dicho que es imposible no vincularse a las cosas de la vida, y que lo que debemos hacer no es evitar la vinculación, sino saber identificar lo que está de más para soltarlo cuando sea el momento. Suena fácil, ¿no? Entonces, ¿por qué cuesta tanto cortar los vínculos que nos encadenan?

Hay varios motivos. Te expongo los principales:

1. No siempre identificamos esos vínculos como insanos. A menudo no somos conscientes de

estar *tan* aferrados a algo (una persona, un recuerdo, un lugar...), porque estamos tan acostumbrados a ello que ni nos hemos dado cuenta de que no hay apego sano sino dependencia y adicción. Esto es válido tanto para una relación post ruptura con nuestra expareja, a la que no queremos soltar, como para nuestra relación con el alcohol.

2. Otro motivo para no soltar es que los apegos insanos u obsoletos están «adiestrados» para que no nos molesten demasiado. Nos auto engañamos con excusas del tipo: «esto siempre ha sido así», «es mi familia, no puedo hacer nada», «si cambio esto, perderé tal cosa y no me lo puedo permitir», «si yo tuviera otro carácter, lo haría, pero como soy así, no puedo...» Así, asumimos que es normal arrastrar cargas emocionales que nos dañan porque «forman parte de lo que somos».

3. Otro de los principales motivos para no soltar es que muchas de las cosas a las que nos aferramos en el presente fueron positivas en

algún momento del pasado, por lo que no las vemos como perjudiciales. Ya hemos mencionado el caso de esos años universitarios felices y provechosos que, paradójicamente, se convierten en grilletes que llevan a alguien a continuar un estilo de vida inapropiado durante dos décadas, convirtiéndolo en alguien patético e inmaduro.

4. Otro motivo es que somos conscientes del daño que nos está haciendo un vínculo, pero no sabemos cómo afrontar el cambio. No sabemos cómo dejarlo atrás.

5. Por último, el motivo más frecuente, y también el más incómodo, es que no cortamos los vínculos por miedo. ¿Miedo a qué? Miedo a las consecuencias, al vacío, a un dolor mayor, a la soledad, al fracaso en el futuro. Así que nos aferramos a la sombra de lo que fue para negar el desamparo de la ausencia.

¿Por qué no soltamos el pasado cuando es doloroso?

Todos los seres vivos nos sentimos más seguros ante lo conocido que ante lo nuevo. Solo cuando vemos muy claras las ventajas de seguir sin algo, o nos vemos obligados a ello por una fuerza mayor, somos capaces de abandonarlo. De lo contrario, ya hemos dicho que nuestro cerebro sigue prefiriendo lo malo conocido a lo bueno por conocer. Forma parte de nuestro instinto de supervivencia (de forma inconsciente, pensamos: «Si hasta ahora hemos sobrevivido así, ¿por qué arriesgarnos a cambiar?»). Este fenómeno tiene lógica con un pasado positivo, pero... ¿qué pasa cuando ese pasado es traumático?

Muchos clientes me preguntan por qué, si son conscientes del daño que les hace recrear mentalmente un suceso traumático, no pueden dejar de hacerlo. Es algo muy frecuente: las vivencias estresantes o abrumadoras suelen permanecer en nuestro presente en forma de recuerdos humillantes, sentimientos de culpa, vergüenza, ansiedad, miedo, etc. Se aferran a nosotros y nos siguen allá adonde vamos, condicionando nuestra vida y nuestras decisiones.

¿Por qué ocurre eso? Porque, de alguna manera, esa es la forma que tiene nuestro cerebro de mantenernos alerta acerca de esa experiencia que no ha sabido entender. El mensaje que nos envía nuestro sistema nervioso es: «Escucha, ese suceso fue peligroso. Mi deber es recordártelo constantemente para que no bajes la guardia». Suena lógico si no fuera porque ese recuerdo provoca emociones que obstaculizan nuestro avance y nuestro desarrollo.

Vamos a verlo con un ejemplo: todos tenemos una primera vez en que nos hemos quemamos los dedos, generalmente, cuando teníamos entre uno y cinco años. Ya sea con una vela encendida, con una sartén caliente, con un radiador... Esa primera quemadura supone un aprendizaje de lo que es el fuego o las altas temperaturas, y nuestro cerebro lo registra para evitar que esa vivencia dolorosa se repita en el futuro. Mantenernos alejados del dolor forma parte de su misión, así que, en adelante, nos recordará el asunto de la quemadura cada vez que nos acerquemos a una vela, una hoguera, los fogones de la cocina, etc.

Ahora imagina que nuestro cerebro queda tan impactado por esa primera quemadura que no deja de darle vueltas. En vez de entenderla como vivencia de la que sacar un aprendizaje («ojo con el fuego»), no puede asimilarlo, no encuentra una explicación a ello, y empieza a influir en nuestras decisiones de forma caótica, incluso cuando no tienen nada que ver con el fuego: nuestro cerebro nos recuerda esa quemadura en todo momento; nos provoca ataques de ansiedad aunque no haya fuego cerca; nos desconcentra cuando trabajamos; nos provoca pesadillas, insomnio, adicciones, bloqueos mentales... Ignorando que ya no somos ese niño o niña que no conocía los peligros del fuego, nuestro cerebro trata de protegernos hasta que termina por perjudicarnos: no nos permite hacer vida normal y crecer porque sigue atrapado buscando cómo protegernos del fuego.

Eso es lo que ocurre con los sucesos traumáticos. Nuestro cerebro no encuentra la forma de lidiar con ello y nos lo recuerda constantemente para protegernos. Sin embargo, lo que hace es hacernos sufrir inútilmente. Cuanto más sufrimos, más se empeña el cerebro en mantenernos alerta sobre ello, ya que claramente aún no lo hemos «superado». Eso se convierte en la pescadilla que se muerde la cola.

La decisión que no quieres tomar

Tal vez estés pensando: «Bueno, si tanto cuesta soltar un vínculo, por algo será. Seguramente aquello a lo que nos aferramos siga cumpliendo una función en nuestra vida, ¿no? ¿Por qué tocarlo entonces?».

Es una buena pregunta. La respuesta es que acumular en vez de dejar ir limita nuestro potencial y nos aleja de la mejor versión posible de nosotros: la versión en la que somos felices y vivimos la vida que queremos.

Un trauma no debería quedarse a vivir con nosotros en forma de herida que sangra como método de «protección». Si bien nunca podremos olvidar algunas cosas vividas, sí podemos cambiar la forma de relacionarnos con el pasado.

Porque el pasado es el lugar del que aprender, no el lugar donde vivir.

Por qué debemos soltar

Te pondré un ejemplo de por qué es necesario soltar: imagina que un conocido tuyo tiene un accidente y se rompe una pierna. Tras un tiempo de escayola, inicia la etapa de recuperación con la ayuda de muletas, tal como le indican los médicos.

Ahora imagínate que, tras años sin verlo, vuelves a encontrarte con ese conocido, y sigue andando con las muletas. ¿Qué pensarías? Posiblemente, que su pierna no se recuperó bien. Sin embargo, ¿qué le dirías si supieras que su pierna hace tiempo que está lista para volver a andar? Supongo que lo animarías a dejar las muletas. ¿Y si él te dijera que le da miedo caerse otra vez? ¿O que ya se ha acostumbrado a las muletas y que no las dejará nunca? Tal vez le señalarías todas las cosas que se pierde por ir con muletas: hacer deporte, bailar con su pareja, tomar a sus hijos en brazos, jugar con su perro... ¿Te parecería lógico que ese conocido renunciara a todo eso por miedo?

Los vínculos que no queremos soltar son las muletas: tuvieron un sentido en el pasado, pero ya no son útiles en el presente. El miedo a soltarlas nos limita y encadena a una zona de seguridad que ya no necesitamos.

Una vida digna

Si alguien me pidiera una sola razón para liberarse de las cadenas emocionales, mi respuesta sería esta: la incompatibilidad entre ser un esclavo y llevar una vida digna.

Cuando un ser humano es esclavizado, no solo pierde la libertad física: también se le arrebata su dignidad como persona, es decir, se deja de reconocer como alguien con derechos y con voluntad, alguien que es propietario de su propio destino.

Del mismo modo, las cadenas emocionales, los vínculos traumáticos, la dependencia, etc.; restan dignidad porque limitan nuestra libertad y nuestra voluntad.

Además de esa razón esencial, de carácter moral, están todas las razones por las que *merece la pena* liberarse de las cadenas. ¿Cuáles son esas razones? Las mismas que le expondrías a un tipo que lleva muletas sin necesitarlas, y que tienen que ver con alcanzar nuestro máximo potencial.

¿Qué ocurre cuando soltamos?

Cuando soltamos lastre, cuando lo soltamos de verdad, es decir, dejamos de estar vinculados emocionalmente a algo, lo que ocurre es que el vacío se llena con cosas buenas. Créeme, lo he experimentado. Cuando dejamos ir de verdad, esto es lo que viene:

- Nos sentimos liberados, como cuando nos quitamos un peso de encima.

- Recuperamos la confianza en nosotros mismos.

- Recuperamos nuestra autoestima y nuestro sentido de dignidad.

- La ira se reduce. Dejamos de estar peleados con el mundo y de anclarnos en la injusticia.

- Somos más tolerantes con lo que sucede en el presente, especialmente, con los imprevistos o incidentes sin importancia.

- Nuestras relaciones personales se vuelven más sinceras y enriquecedoras. No tenemos miedo a dar (amar, hacer el bien, etc.), ni a recibir (amor, apoyo, compañía, etc.).

- Mejora nuestra energía y nuestra vitalidad. Es cierto: cuerpo y mente forman un todo; si la mente está menos cargada, el cuerpo, también.

- Las decisiones que tomamos derivan en mejores resultados que antes, porque no están condicionadas por filtros distorsionados.

- Somos capaces de romper nuestro propio techo.

- Nos sentimos orgullosos de nosotros mismos.

- Mejoran nuestras oportunidades y ganamos más dinero (te lo prometo, ¡es así!).

- Actuamos más y nos quejamos menos.

- Nos reímos más, solos o en compañía. Mejora nuestro buen humor. Vivimos con más alegría.

- Dejamos que cada cual sea como quiera, sin sentirnos amenazados por la libertad de los otros.

Vivir sin muletas

Ahora vamos a centrarnos en ti: ¿qué te estás perdiendo por ir con muletas?

Te propongo que recuperes tu lista de vínculos del capítulo anterior y consideres esos apegos como las muletas que usas para andar. A continuación, te pido que pienses qué te estás perdiendo por ir con esas muletas.

Puedes hacerte estas preguntas con cada uno de ellos:

1. Este vínculo / muleta, ¿cómo era en el pasado o al inicio del vínculo?

2. Lo que me aportó entonces, ¿me lo sigue aportando en la actualidad? Si es así, ¿por qué creo que me hace sentir tan mal?

3. ¿Qué ganaría si cortara ese vínculo?

4. ¿Qué consecuencias debería afrontar ahora mismo? ¿Merecería la pena intentarlo?

5. Si me da miedo cortar de golpe, ¿existe alguna forma de dar el paso de manera gradual? ¿Cuento con algún tipo de ayuda?

6. Si no tuviera ninguna consecuencia negativa para nadie, ¿cortaría ese vínculo ahora mismo?

Las respuestas a estas preguntas son las que te darán la fuerza y el convencimiento necesarios para empezar a soltar lastre.

Tus objetivos futuros

El miedo razonable a soltar el pasado suele reforzarse si no tenemos claros nuestros objetivos de futuro; si no sentimos ilusión por lo que vaya a venir, o no estamos motivados para mejorar. Entonces el hecho de soltar parece tener menos sentido que el hecho de mantener apegos negativos. Porque, a ver, ¿para qué soltar las muletas si no tengo retos que involucren a mis piernas?

Por eso es importante hacer el esfuerzo de encontrar nuestros propósitos y nuestros objetivos en la vida. Este libro no va de buscar los objetivos vitales, pero sí es necesario ver que hay un camino ilusionante delante de nosotros para poder dejar de mirar hacia atrás[4].

---

[4] Si quieres profundizar en tus propósitos y objetivos te recomiendo no perderte "El poder de los objetivos" de esta misma serie: *www.danieljmartin.es/books/po*

Los objetivos personales pueden variar mucho de una persona a otra. Solo debes tener claro cuáles son los tuyos y qué te separa de ellos en términos realistas. Recuerda que un objetivo no es un deseo sin más, es una intención de acción. Porque las cosas no cambian por sí solas.

Tengo propósitos y objetivos, y aún así, nada cambia en mi vida

Algunos clientes me cuentan que, pese a tener claros sus proyectos y objetivos futuros, siguen sin cambiar.

Eso ocurre porque el cerebro no encuentra compensación en los hipotéticos beneficios futuros y se resiste a soltar, por si acaso. En la mayoría de los casos, lo que ocurre es que esos proyectos u objetivos que me presentan no son realmente los de mis clientes. ¿De quién son? ¡Vete a saber! A menudo tomamos como propios objetivos que solo son lo que los demás esperan de nosotros. Hacemos lo que nuestros padres esperan, actuamos como la sociedad quiere y no nos planteamos mucho más. Eso podría no ser tan malo, si no fuera porque, a menudo, lo que los demás esperan de nosotros les sirve más a ellos que a nosotros.

Si tu no consigues soltar el pasado pese a creer que tienes claro lo que quieres para los próximos años, asegúrate de que tus deseos son realmente tuyos. Por experiencia sé que es muy probable que tus objetivos (en especial, el legítimo objetivo de ser feliz), no gusten a alguien cercano a ti. Y es posible que varias personas a tu alrededor no vean con buenos ojos tanta «libertad» por tu parte. Es triste, pero es la verdad.

Así que no estaría de más preguntarte quién se alegraría realmente de que vivieras en paz y libertad, y a quién le supondría un problema o una amenaza. Porque la dura realidad es que, a veces, renunciamos a ser quien queremos ser para obtener cierto amor o aprobación. Entonces, buscamos objetivos que sean «amables» para todo el mundo, en vez de encontrar lo que nos haría realmente felices. Nos quedamos con el plan B para no sentirnos solos con el plan A.

En cuanto al miedo al fracaso, solo te diré una cosa: fracasar es no intentarlo.

Resumen del capítulo 2

– El motivo principal que nos lleva a no soltar es el miedo.

– Nuestro sistema nervioso se aferra a las experiencias traumáticas del pasado para que no las olvidemos. Lo único que intenta es protegernos para que no las volvamos a sufrir.

– Soltar lo que nos hace daño es un acto de amor propio.

– Las cadenas emocionales, como la esclavitud, nos condenan a una vida indigna de la que no somos dueños.

– Cuando soltamos, nos estamos dando la oportunidad de recibir cosas buenas.

Viaje al origen

«La cueva a la que tememos entrar esconde el tesoro que buscamos.»

— Joseph Campbell

Hasta ahora hemos hablado sobre qué son los vínculos y por qué los tenemos. Te he pedido que elabores una lista con tus vínculos disfuncionales y también que hagas el ejercicio de preguntarte a qué estás renunciando hoy por seguir aferrado a ellos. Por último, hemo visto la necesidad de soltar las muletas emocionales como paso previo hacia esa vida futura que deseas y te mereces.

Ahoca toca viajar al pasado.

Este capítulo es, tal vez, el más doloroso del libro: tendrás que hurgar en tus archivos emocionales para encontrar el origen de todos esos apegos, limitaciones y hábitos que ahora te hacen daño, pero que no puedes soltar.

En algunos casos, el viaje al origen es corto y directo. Por ejemplo: tal vez no puedas hablar en público porque una vez, de pequeño, alguien se rio de ti cuando intentaste hacerlo y, desde entonces, tu cerebro ha preferido mantenerte alejado de ese dolor.

En otros casos, habrá que reescribir la historia.

¿Reescribir la historia? ¿Se puede cambiar el pasado?

No, el pasado no se cambia. Pero la forma en que lo entendemos, sí. Y no estoy hablando de falsear lo que pasó, ni de auto engañarnos, ni de endulzar ningún hecho, ni de buscar excusas. Hablo de darle un final, ya que ese pasado traumático sigue en el presente, pese a que el suceso terminó hace tiempo. Hay que darle un final a la historia en el presente para poder soltarlo.

Antes, te pido que tengas en cuenta dos cosas:

- La primera, que **debes aceptar tu pasado desde ya**.
- La segunda, que **debes estar dispuesto a cambiar tus pensamientos sobre él**.

Aceptar el pasado de una vez por todas

Ya hemos dicho que el pasado no se puede cambiar. Por ello, debemos hacer el esfuerzo de aceptarlo tal cual, entendiendo que «aceptar» no significa que nos guste, o que estemos de acuerdo, o que nos «hayamos rendido»: aceptar solo significa que somos conscientes de que ocurrió así.

Te pondré un ejemplo: en el siglo XIV hubo una epidemia de peste que mató a una tercera parte de la población mundial. Entre Europa, África y Asia, la peste negra mató a unos 80 millones de personas en pocos años, dejando muchos pueblos y ciudades sin ningún habitante vivo. Se trata de un hecho probado y, en consecuencia, lo aceptamos, por muy horroroso que sea. Lo aceptamos como hecho, aunque no nos guste. De la misma forma debemos aceptar:

1. Que tal hecho traumático de nuestra vida ocurrió, por mucho que nos desagrade o por muy injusto que sea.

2. Que ese hecho no está sucediendo ahora mismo, es decir, que terminó físicamente. Ya no está en nuestra casa, ni forma parte de nuestro día. No acaba de ocurrir ahora mismo. No está ocurriendo mientras lees estas líneas. Es pasado.

3. Que la mejor forma de aceptarlo es sacar un aprendizaje de ello.

Para mucha gente, este tercer punto es el más difícil porque no siempre hay un aprendizaje evidente que compense tanto dolor. Si volvemos al ejemplo de la quemadura, es fácil deducir un aprendizaje: en este caso, sería no acercar los dedos al fuego. Pero ¿qué pasa con las vivencias traumáticas que nosotros no elegimos? ¿Qué aprendizaje sacamos de que nuestro padre nunca nos haya querido? ¿O de que en la adolescencia sufrimos porque no éramos lo suficientemente atractivos? ¿O que fuimos víctimas de *bullying*? ¿No deberían ser los demás, lo que tendrían que aprender de sus actos?

Sí, desde luego, pero nosotros no podemos controlar lo que hacen los demás. Nuestro aprendizaje en estos casos debe ser sobre lo que nos pasó a nosotros a raíz de ese hecho. Sobre cómo el hecho puntual se tradujo en trauma y por qué. Sobre nuestras fortalezas y nuestra forma de ser. El aprendizaje debe ser de autoconocimiento.

¿Por qué? Porque en esos casos, lo que hay detrás del trauma es nuestro cerebro más primitivo (el que solo piensa en alejarnos del peligro) tratando de protegernos.

Claves para aceptar el pasado

A continuación, te dejo algunas reflexiones e ideas que pueden ayudarte a hacer las paces con tu pasado.

Te pido que leas las frases varias veces y te preguntes hasta qué punto estás de acuerdo. Se trata de que las asimiles y te quedes con las que más te sirvan:

- Mi pasado no me define.

- Los abusos e injusticias que sufrí en el pasado no son culpa mía, incluso si por acción u omisión yo los permití.

- Ya he sufrido suficiente por esto. Ahora me toca crecer.

- Los errores y los golpes de la vida son parte de la experiencia humana. Todos los tenemos.

- Quiero ver mis errores y malas decisiones del pasado como una oportunidad para aprender.

- Me perdono por las acciones y decisiones pasadas que me causaron daño a mí y/o a otros, con el compromiso de aprender de ellas.

- Me perdono por haberme quedado donde nunca debí quedarme: seguramente, aún no comprendía lo que sucedía.

- Me perdono por no detener algo cuando debía hacerlo: seguramente, aún no estaba preparado para ello.

- Me perdono por perjudicarme a mi mismo en el pasado como castigo por no obtener éxito, amor o aprobación.

- Todo el mundo tiene un pasado, y todo el mundo tiene una parte de ese pasado que le produce dolor. En vez de culpabilizarme, me comprometo a ver la experiencia como la forma de aprender algo más sobre mí mismo y mis fortalezas.

La razón por la que hacemos lo que hacemos

Todo lo que nos mantiene atados a algo o a alguien tiene una razón de ser. Incluso los malos hábitos, las relaciones tóxicas y de codependencia o las decisiones que parecen sencillas pero que nunca hemos querido tomar tienen un porqué: detrás está nuestro cerebro más primitivo e instintivo protegiéndonos de algo para que no se repita (o intentándolo, por lo menos).

La misión última de nuestro cerebro y nuestro sistema nervioso es mantenernos con vida. Para ello, no duda en alejarnos de cualquier cosa que represente una amenaza potencial, incluso si eso significa aferrarnos a algo que en el pasado nos dio algún tipo de seguridad o afectividad (o eso fue lo que percibimos), pero que ahora no nos permite crecer.

Si sufrimos por ello, nuestro sistema nervioso es consciente, pero no es capaz de encontrar alternativas. Debemos ser nosotros los que le demos esas opciones. Y, para ello, hay que ir en busca de respuestas.

Ahora es momento de ver dónde se torció todo, es decir, en qué punto quedaste aferrado a algo porque una necesidad emocional tuya se te volvió en contra.

El viaje reparador

La inmensa mayoría de traumas emocionales se pueden entender como un ataque o amenaza a una de estas dos necesidades básicas del ser humano (o a las dos a la vez, en ocasiones):

- Nuestra necesidad de amor (de seguridad, afecto, protección, cuidado, aceptación…).

- Nuestra necesidad de integridad física y moral (incluyendo nuestra dignidad como personas, nuestra identidad, el reconocimiento a nuestra existencia como seres independientes, etc.).

Ahora me gustaría que pensaras en un suceso de tu pasado que te haya seguido hasta el presente en forma de trauma. Si esto es muy doloroso para ti, por favor, elige un incidente de menor importancia, algo que simplemente te molestó y que aún piensas en ello de vez en cuando.

Tómate unos 30 minutos para hacer este viaje, a poder ser, hacia el final de tu día (pero no justo antes de dormir).

1. Siéntate delante de un espejo y mírate mientras lo recuerdas.

2. Ahora explícate a ti mismo lo que ocurrió como si tú no lo supieras. Explícatelo como si la persona que te escuchara (tú, en el espejo),

no supiera nada de lo ocurrido, pero le importara cómo te sientes.

3. Permítete sentir todas las emociones que surjan.

4. Cuando termines de contarte a ti mismo ese suceso, pregúntate qué te preocupa ahora mismo del suceso. ¿Qué daño puede hacerte el suceso ahora mismo? (No hablo de qué limitaciones te ha provocado. Digo qué puede hacerte ahora mismo, en esta habitación, o esta misma semana).

5. Respira hondo y vuelve a hacer el ejercicio. Cuéntate a ti mismo otra vez el suceso como si no lo conocieras. Intenta hacerlo de la misma forma que antes, aunque posiblemente recuerdes detalles nuevos o lo enfoques de forma ligeramente distinta.

6. Cuando te lo hayas contado otra vez, pregúntate de nuevo qué te preocupa ahora mismo del suceso y cómo puede hacerte daño ahora.

7. Repítelo dos o tres veces más. Debes terminar agotado mentalmente y aburrido de este ejercicio. Lo ideal es que sientas que esto es un agobio y que necesitas un descanso porque ya no quieres seguir hablando del tema.

Si haces este ejercicio durante varias sesiones, lo que ocurrirá es que tus emociones cambiarán. La persona que te escucha en el espejo (tú) te mostrará la compasión y el amor que tú no has tenido por ti mismo en relación a eso. Sentirás menos miedo y te conectarás más a ti y a la persona que eras en ese momento. Sentirás que ese suceso ya no te aterroriza tanto. La ansiedad disminuirá.

Cuando lleves cierta práctica, puedes probar a escribir cómo te sientes después de cada sesión de repetirte varias veces la misma historia. Te sorprenderás gratamente.

El ego en las heridas del pasado

Cuenta la terapeuta Meredith Miller que las heridas que arrastramos del pasado nos dan un falso sentido de identidad y de familiaridad, por eso es tan difícil soltarlas. Sentimos que las heridas dan sentido a parte de nuestra existencia, cuando en realidad es al revés: tratamos de adaptar nuestra existencia a ellas para que no nos hagan más daño.

Se dice que la mayoría de nosotros tenemos 5 heridas originarias[5]:

- La herida de abandono.

- La herida de traición.

- La herida de humillación.

- La herida de injusticia.

- La herida de rechazo.

---

[5] Fue la terapeuta canadiense Lise Bourbeau quien propuso estas cinco categorías para todos los traumas del ser humano. Se recogen en su libro *Las 5 lesiones que impiden ser uno mismo*.

Llevo muchos años de profesión y aún no he conocido a nadie que no arrastre por lo menos una de estas cinco heridas desde su infancia. La mayoría de las personas arrastramos por lo menos tres de ellas de forma traumática.

Estas cinco heridas pueden y deben curarse. Pero no lo hemos hecho y el problema es que, sin quererlo, nos exponemos a que estas heridas se repitan y se hagan aún más profundas. ¿Por qué? Porque repetimos los patrones. Porque, para nuestro ego falso (el ego más superficial), esas heridas son nuestra identidad. Y porque, lamentablemente, las personas abusivas y tóxicas vendrán a atacarnos justo donde tenemos la herida.

Como apunta la terapeuta Meredith Miller, sobre esas heridas no tratadas van a recaer todos los demás golpes que nos vengan en la vida. Nuestro sistema nervioso irá acumulando herida emocional sobre herida emocional, sin tener tiempo para cicatrizar.

Por eso es esencial viajar al pasado para abrazar y entender esas cinco heridas.

Viajar a la primera vez

¿Cómo podemos reparar esto? Hay varias propuestas desde el campo de la psicología y la psiquiatría.

Por ejemplo, el autor motivacional John Purkiss explica la siguiente técnica para reparar el pasado en su libro *Déjalo ir*. Es parecida a la de contarnos la historia frente al espejo: también hay que ir a nuestra hemeroteca emocional, pero en este caso, en busca de la primera vez que sentimos cada herida.

Aunque sea incómodo o doloroso, para él hay que rescatar mentalmente la primera vez que nos sentimos humillados, maltratados, injustamente acusados de algo, abandonamos, incomprendidos, etc. Esa primera vez, probablemente, ocurrió en nuestra infancia, aunque entonces no sabíamos de qué iba ni cómo nos iba a afectar en el futuro.

De nuevo en el presente, Purkiss nos propone estar atentos a las emociones negativas de nuestro día a día. Por ejemplo, si tenemos una discusión con el vecino y nos enfadamos exageradamente porque nos falta al respeto. O nuestra pareja nos hace un comentario que nos decepciona y eso nos desestabiliza por completo. O aún sentimos rencor por esa vez que nuestro hermano nos falló. Ahora ve a tu archivo de emociones y busca la primera vez que te sentiste así.

Cuando encuentres el suceso que provocó la primera herida (tal vez sea muy dolorosa, o tal vez sea una cosa de críos), recréate y permítete sentir todas las emociones. Es posible que sientas emociones de indignación, dolor y frustración que, en esa primera ocasión, reprimiste para evitar mayores problemas. También es posible que sientas mucha vergüenza por tener esos sentimientos. Hoy ya no eres ese niño avergonzado o inseguro: permítete sentirte como te dé la gana en relación a ese recuerdo. Piensa que, mientras que no todos los comportamientos son aceptables ni válidos, todas las emociones sí lo son.

Lo que estamos haciendo con este ejercicio de buscar la primera vez es, en palabras de Purkiss: «Miramos hacia adentro, encontramos el incidente original que causó el malestar y lo completamos. Completamos la experiencia reviviéndola de principio a fin. Revivimos para reparar».

Si repites estos ejercicios con frecuencia, y lo haces con sucesos cada vez más abrumadores, al poco tiempo te sentirás más fuerte y más en paz contigo mismo.

¿Por qué sucede esto?

Porque solemos reprimir emociones para olvidar, y eso no funciona. Es como una pelota de futbol que tratamos de mantener sumergida bajo el agua hundiéndola con las manos: nos cuesta un trabajo tremendo y, encima, cada vez que se nos escapa, salta a la superficie con fuerza y nos da en los morros. En vez de esto, si dejamos que lentamente ascienda a la superficie, acompañándola con las manos, y permitimos que se quede flotando en la superficie, al poco ya no nos molestará. No podemos eliminar la pelota, pero ahora ya no nos perturba: hay mucha piscina para nadar, y la pelota ocupa muy poco espacio.

Resumen del capítulo 3

– Debemos aceptar nuestro pasado, entendiendo que «aceptar» no signifique que nos guste.

– Aceptar el pasado también es entender que eso ya terminó y no está con nosotros en nuestro día a día, ya sea algo bueno o malo.

– El pasado no nos define ni nos condena.

– El pasado es el lugar del que aprender, no en el que vivir.

– Hay que viajar al pasado para repararlo, permitiéndonos entender y abrazar todas las emociones, pensamientos y acciones que nos obligó a tener en aquel momento.

– Todos tenemos por lo menos 1 de estas 5 heridas del alma que nos resistimos a soltar: la herida de abandono, la herida de humillación, la herida de traición, la herida de injusticia y la herida de rechazo.

Controla tus pensamientos

«Nuestra desconfianza hacia el futuro es lo que nos dificulta soltar el pasado.»

— Chuck Palahniuk

En este capítulo, vamos a tratar de cambiar los pensamientos que nos mantienen aferrados a apegos disfuncionales.

Antes, déjame felicitarte por el esfuerzo que has hecho en el capítulo anterior. Enfrentarte a un pasado doloroso es algo que solo hacen las personas valientes y comprometidas consigo mismas. No te preocupes si aún estás en el proceso de aceptación, o si ves que hay días en que parece que vas hacia atrás: lo importante es tu voluntad y tu compromiso con el futuro.

Ahora hablaremos de todo lo que nos decimos a nosotros mismos para convencernos de algo: todas las excusas, los pensamientos distorsionados, las creencias erróneas y las mentiras que nos decimos para justificar el aferrarnos a algo.

¿Cómo podemos convencer a nuestro cerebro para que haga esa «limpieza emocional»? ¿Cómo rompemos su resistencia?

Nuestro instinto de supervivencia y protección se estresa con cada nuevo cambio, pero se calma si ve que estamos preparados para ello. Volviendo al ejemplo de la primera quemadura, hoy podemos estar cerca de una vela encendida sin tener un ataque de pánico: sabemos qué ocurrió, sabemos cómo nos dolió entonces, pero hemos soltado todas las emociones asfixiantes y paralizantes relacionadas con esa quemadura: ya no sufrimos cada día por esa vez que nos quemamos, y podemos continuar con nuestra vida y nuestro crecimiento.

A continuación, veremos por qué es tan importante gestionar nuestros propios pensamientos.

El triángulo emociones – pensamientos – acciones

El encargado de elaborar nuestras respuestas a los estímulos externos es nuestro sistema nervioso, liderado por el cerebro. El cerebro es quien genera emociones, pensamientos y acciones. Estos tres elementos forman un circuito que se retroalimenta:

- **Pensamientos:** Son los procesos mentales y las conclusiones de toda la información que recibimos del exterior y que nuestro cerebro se encarga de interpretar, organizar, almacenar y recuperar en usos posteriores. Todo ello incluye hábitos, juicios, creencias, aprendizajes, recuerdos, ideas, etc.

- **Emociones:** Son las respuestas subjetivas y las reacciones afectivas que experimentamos en relación con los estímulos y su interpretación mental: amor, tristeza, ira, asco, sorpresa, felicidad, alegría, etc.

- **Acciones:** Son nuestro comportamiento voluntario, las conductas que llevamos a cabo de forma consciente y observable en respuesta a nuestras emociones y pensamientos. Las acciones pueden incluir tanto comportamientos verbales como no verbales, y también se consideran una forma de comunicación y de expresión.

Estos tres elementos se influyen y condicionan unos a otros. No podemos controlar los hechos que desencadenan nuestras emociones, ni tampoco las emociones en sí, pero sí podemos controlar la forma de entenderlas y reaccionar a ellas desde el punto de vista cognitivo (los pensamientos). Si controlamos los pensamientos, controlamos nuestras emociones y nuestras acciones. Si controlamos todo eso, seremos capaces de soltar con tranquilidad y confianza.

Contra la anticipación catastrofista

La resistencia a soltar esconde el miedo al qué pasará después. Cuando nos planteamos un futuro sin eso que tanto tiempo lleva con nosotros (sin esas muletas), la ansiedad nos dispara un montón de «¿Y si ocurre esto?», «¿Y si ocurre lo otro?», «¿Y si luego me arrepiento?; siempre con suposiciones terribles, la mayoría de las cuales nunca llega a ocurrir.

Por eso hay que entrenar nuestra mente para que responda con eficacia a la ansiedad anticipatoria y a los pensamientos catastrofistas.

Te propongo el siguiente ejercicio:

1. Busca un lugar tranquilo donde puedas reflexionar un rato sin interrupciones y piensa en cómo sería tu vida sin *eso* que no quieres soltar.

2. Haz una lista mental de todas las cosas terribles que podrían ocurrirte si dejas ir esa cosa / persona / hábito. Piensa en los peores escenarios, los que más daño te harían, lo más catastrófico que se te ocurra.

3. Familiarízate con sus consecuencias. Recréate en lo peor posible, incluso si es exagerado: tu familia te abandona, terminas viviendo de la caridad, vas a la cárcel... Lo peor de lo peor. Abraza la ansiedad que te produce todo ello.

4. Empieza a hacerte preguntas para relativizar todas esas desgracias: ¿Qué pasaría en realidad si te despidieran? ¿Cómo te sentirías? Y al cabo de un año, ¿cómo crees que te sentirías? ¿Serías la única persona en el mundo que ha pasado por eso? ¿Hasta qué punto es grave lo que la gente piense de ti?

¿Hay realmente tantas posibilidades de que esa desgracia ocurra? ¿Qué puedes hacer aquí y ahora para tratar de evitar eso? ¿Está en tus manos? ¿Qué te haría sentir más tranquilo?

El objetivo de este ejercicio es enviarle un mensaje de tranquilidad a tu cerebro relativizando los «desastres»; no porque esas desgracias no sean posibles sino porque serás capaz de afrontarlas cuando aparezcan. El mensaje es: «no necesito sufrir hoy por algo que tal vez no ocurra nunca. Y no debo sufrir por futuros que tampoco puedo controlar. Con tomar ciertas medidas ahora y confiar en mí mismo, por ahora, es suficiente».

Aprender a pensar mejor: el Mindfulness

Te propongo otra técnica para controlar los pensamientos.

Probablemente ya hayas oído hablar de Mindfulness. El Mindfulness es una técnica de entrenamiento mental. El objetivo final es aprender a encontrar la mejor respuesta posible a cada circunstancia presente o pasada. Este entrenamiento mental, con el tiempo, se convierte en un hábito automático, como el hábito de desayunar, y nos ayuda a tomar las decisiones y actuar de la mejor forma posible de acuerdo a quién somos y a nuestros valores. La gente que domina el Minfulness es capaz de responder a cualquier desafío de la vida sin romperse y sin perder el control, además de estar en paz con su pasado.

¿Cómo se logra eso?

El Mindfulness usa la meditación como técnica principal. La meditación consiste en buscar la atención plena, es decir, enfocar la mente en un punto o idea (por ejemplo, la respiración, el sonido ambiente, una visualización concreta, una parte del cuerpo, etc.), durante las sesiones de entrenamiento, y no permitir que esa atención se vaya a otro sitio. La idea es que aprendamos a silenciar voluntariamente todo el ruido mental, el carrusel de pensamientos intrusivos y automáticos, el dolor emocional, la impulsividad, la ansiedad y la confusión que llevamos encima. Es aprender a poner nuestro cerebro en pausa.

Una vez el cerebro está entrenado, podemos pasar ese ejercicio de control a nuestra realidad cotidiana. Es entonces cuando somos capaces de mantener la correcta actitud frente a todo lo que requiere de una respuesta de nuestra parte, en vez de reaccionar sin pensar, o de seguir patrones de conducta obsoletos que mantenemos solo porque no los hemos analizado de forma racional.

Con el Mindfulness, creamos un espacio mental y temporal entre el estímulo externo, el pensamiento y nuestra acción posterior. Si nos perdemos en pensamientos y emociones, perderemos el ancla del presente, que es el único momento en el que podemos actuar.

Si quieres aprender más sobre esta increíble herramienta, te recomiendo leer "El poder del Mindfulness" de esta misma colección:

www.danieljmartin.es/books/pm

En defensa de la ansiedad

Ahora voy a romper una lanza en favor de nuestro principal mecanismo de defensa: la ansiedad.

Estamos de acuerdo en que la ansiedad es muy desagradable. Te somete a un estado de confusión, pánico, desesperación, bloqueo, incapacidad para actuar y un enorme sufrimiento, además de sentimientos de insuficiencia.

Sin embargo, la ansiedad, en el fondo, lleva buenas intenciones: su objetivo no es perjudicarnos (aunque lo hace), sino avisarnos de un peligro inminente. ¿Por qué, si lo que quiere es protegernos, es tan contraproducente?

Porque transmite el mensaje de forma muy desagradable y paralizante, y a menudo en situaciones que no suponen un peligro real: mucha gente termina en urgencias por una crisis de ansiedad creyendo que se trata de un ataque al corazón o un brote de locura. Eso ocurre porque su sistema nervioso está alterado por sucesos anteriores y ahora se mantiene hipervigilante. Sin embargo, la persona confunde los síntomas y termina en el hospital creyendo que se va a morir.

Entonces, ¿qué hacemos con la ansiedad? ¿Es buena o es mala?

La ansiedad solo es la mensajera. No debemos ignorarla, pero sí debemos ser capaces de interpretar sus avisos en vez de frustrarnos y agotarnos por los síntomas que nos provoca.

Si tú lidias diariamente con picos de ansiedad, te recomiendo que no te sientas culpable o avergonzado por ello: significa que tu sistema nervioso está actuando. En vez de sufrir, invierte tiempo en entender esa ansiedad. ¿Por qué se te dispara? ¿Cuándo crees que empezó? ¿Tiene que ver con alguna herida o suceso en concreto, o con alguna etapa de tu vida? ¿Qué crees que tendría que pasar para que tu ansiedad desapareciera?

La ansiedad solo quiere protegerte. No la ignores, porque no se marchará: volverá una y otra vez hasta que seas capaz de responder a su mensaje.

Aceptar los problemas del presente

Soltar no significa negar lo que hay, o tratar de olvidarlo como por arte de magia. Soltar no es olvidar. Además, no siempre es tan fácil como bloquear a una persona en el móvil (a veces, sí, pero normalmente es necesario algo más). Soltar suele requerir algo más que un portazo.

Hemos hecho el ejercicio de aceptar el pasado. Vamos ahora con lo que nos rodea en este preciso instante:

¿Cómo aceptamos el presente, si no nos gusta?

El ejercicio que te propongo ahora lo realizan a diario millones de personas: lo practican desde los creyentes en forma de oración a Dios hasta los que siguen el programa de Alcohólicos Anónimos.

Esta es la versión que yo sugiero:

1. Busca un lugar tranquilo donde poder centrarte en tus pensamientos durante unos minutos sin ser interrumpido.

2. Una vez hayas anclado tu mente en el aquí y ahora (evitando que tu cerebro se te vaya con pensamientos dispares), repite en voz alta o mentalmente la siguiente frase:

3. *«Buscaré la serenidad para aceptar las cosas que no puedo cambiar, buscaré la valentía para cambiar las que sí puedo cambiar, y buscaré la sabiduría para poder distinguir una de otra».*

Si eres creyente, puedes pedirle esas tres cosas (serenidad, valentía y sabiduría) a Dios. Si no lo eres, puedes dedicarte esta oración a ti mismo y comprometerte a buscar las tres cosas a diario.

Hacer sitio a la gratitud

Cuanto más nos tomamos las cosas de forma personal, más estrés sufrimos. Cuanto más estrés llevamos, más agotados estamos y menos capacidad tenemos de luchar por nuestros intereses y nuestro bienestar presente y futuro.

Sin embargo, eso de tomarnos las cosas de forma personal, parece que solo lo hacemos con lo malo que nos ocurre. Lo bueno, ¡ni lo miramos!

Por eso es importante practicar la gratitud por las cosas buenas que sí tenemos. Porque, cuando pasamos demasiado tiempo centrados en nuestros problemas, perdemos de vista no solo la perspectiva, sino todo lo que nos rodea. Dejamos de darle importancia a las cosas que sí tenemos, y lo ignoramos porque estamos demasiado sumidos en nuestros problemas, en los del pasado y en los que vendrán.

Llegados a este punto, debemos levantar la vista del suelo para mirar hacia adelante, aún con el riesgo de tropezar y caer. Porque estamos dejando pasar las cosas buenas sin ni siquiera darnos cuenta.

Ahora te pido que elabores una lista de cosas por las que puedes estar agradecido a día de hoy. Te dejo algunos ejemplos y verás por dónde voy.

Cosas por las que estar agradecido en el presente:

- Algo relacionado con la salud.

- Algo relacionado con el trabajo.

- Algo relacionado con los que nos rodean (familia, pareja, amigos, etc.).

- Algo relacionado con el lugar donde vivimos (por ejemplo, que no hay guerras ni matanzas).

- Algo bueno que nos haya ocurrido este año.

- Algo bueno que nos haya ocurrido hoy.

- Tener la capacidad de amar sinceramente (no todo el mundo la tiene).

- Tener o haber tenido el amor de una pareja, madre, padre, amigos, etc.

- Tener la capacidad de ver cosas buenas en la vida.

- Tener buenos amigos (muchos o pocos).

- Tener las siguientes cualidades: (poner las que se consideren importantes y de las que se esté más orgulloso).

El ejercicio de agradecer no termina aquí. Ahora te pido que, cada vez que te sientas triste por algo, le añadas un «pero». Y ese «pero» debe ser una de las cosas por las que estás agradecido en esta vida, una de las cosas de tu lista. Por ejemplo: estás triste porque sientes que podrías haber llegado más lejos en tu carrera profesional, PERO tu salud es buena. Te indignas cada vez que recuerdas lo que te hicieron aquella vez, PERO agradeces a la vida tener la inteligencia que tienes. Sufres la humillación de que aquella pareja te traicionó, PERO estás agradecido de poder contar con ese amigo que te apoyó.

En "El poder de la gratitud" profundizo en la importancia de esta técnica. Además, en él comparto el diario de gratitud que he elaborado exclusivamente para mis clientes:

www.danieljmartin.es/books/pgr

La técnica GALA

Este ejercicio es una propuesta de Donald Altman[6] para relativizar las cosas malas y las heridas emocionales. Nuevamente, no se trata de quitarle importancia a nuestros traumas (además, no sirve de nada intentar «quitarles importancia»). Se trata de dar importancia a las cosas buenas que también merecen nuestra atención.

GALA es un acrónimo formado por las palabras «Gratitud», «Aprendizaje», «Logro» y «Alegría». Se trata de una técnica que se centra justamente en encontrar, durante el ejercicio, un ejemplo para cada uno de esos términos.

Estos ejemplos deben ser distintos cada día o cada vez que se realiza el ejercicio.

---

[6] Donald Altman es psicoterapeuta, formador en Mindfulness, ex monje budista y divulgador de crecimiento personal. Entre sus obras, destaca *50 técnicas de Mindfulness para la ansiedad, la depresión, el estrés y el dolor.*

¿Para qué sirve este ejercicio?

Si se hace una sola vez, igual que los demás ejercicios propuestos, no sirve de mucho. Pero si se repite hasta convertirlo en entrenamiento y hábito, los resultados son espectaculares:

- Por un lado, relativizamos los problemas del pasado y el presente. De ese modo, no nos parecen tan apabullantes y somos más capaces de soltarlos (insisto: no se trata de quitarle importancia a los problemas o los traumas, se trata de darnos más confianza a nosotros para afrontarlos).

  Por otro lado, contrarrestamos la llamada «fuerza de gravedad» que ejerce nuestro pasado en nosotros: si desviamos la mayor parte de nuestra energía hacia el presente (como debería ser), el pasado quedará en segundo plano.

Vamos con el ejercicio GALA:

1. Para empezar, recomiendo hacer como con los anteriores, es decir, con un breve retiro de la realidad. Busca un lugar apartado y tranquilo para pensar. Con la práctica, podrás hacer los ejercicios de GALA en un trayecto en autobús, en la ducha, mientras preparas la cena, en un atasco, etc.

2. Controla tu respiración y tus pensamientos. Cuando los tengas bajo control, visualiza, de una en una, las cuatro palabras del acrónimo GALA (gratitud, aprendizaje, logro y alegría), entendiendo qué significa cada una de ellas.

3. Piensa en un ejemplo de tu vida para cada una. Empezando por la GRATITUD, puedes sentirte agradecido por cosas muy generales (buena salud, un techo donde vivir, una pareja que te quiere, etc.); o por cosas concretas, como que hoy has tenido una buena mañana en el trabajo.

4. Haz lo mismo con todas las palabras. En el caso del APRENDIZAJE, puede ser desde un

pequeño truco para abrir un recipiente hasta todo lo aprendido en tu carrera.

5. En el caso del LOGRO, puedes entender como logro cualquier éxito que hayas tenido hoy, este mes o hace diez años; y puede ser un logro individual, colectivo o que forma parte de un proyecto personal más grande.

6. Por último, la ALEGRÍA debe darse por algo que has captado de tu entorno, como sentirte animado por un chiste o por un dibujo que haya hecho tu hijo. Debe ser algo que te haya hecho sonreír espontáneamente.

El ejercicio GALA te aportará confianza en ti mismo y en tu entorno. Te hará ver que haces muchas cosas bien en tu vida, reforzará tu motivación y compromiso y te dará razones para vivir con optimismo.

Resumen del capítulo 4

– Para soltar los vínculos que nos encadenan, debemos convencer a nuestro cerebro de que estamos preparados para ello.

– Para conseguirlo, debemos cambiar nuestra forma de pensar las cosas, siendo conscientes de nuestras creencias erróneas, pensamientos catastrofistas, prejuicios, etc.

– El Mindfulness es una buena manera de aprender a modificar nuestra forma de pensar y nuestra actitud hacia la realidad.

– Debemos hacer un esfuerzo por agradecer las cosas buenas que tenemos, ya que a menudo quedan enterradas por los problemas.

Enfrenta el duelo

«Debo estar dispuesto a renunciar a lo que soy para convertirme en lo que seré.»

— Albert Einstein

El duelo es el proceso de adaptación tras una pérdida o cambio importante. Solemos asociarlo con la muerte de un familiar, pero también puede ser por la pérdida de un trabajo o una ruptura sentimental, por ejemplo.

A lo largo de nuestra vida tendremos que enfrentarnos a varios duelos. Forma parte de nuestra condición humana y de nuestra esencia, así que lo mejor es recibirlos con la máxima preparación mental posible. ¿Qué significa esto? Pues, para empezar, el permitirnos sentir el dolor tanto tiempo como sea necesario.

¿Por qué cosas podemos hacer un duelo? En realidad, por cualquier cambio en nuestra vida que nos produzca tristeza:

- Por la muerte de un ser querido.

- Por el fin de una etapa de nuestra vida.

- Por una ruptura sentimental.

- Por un accidente o tragedia.

- Por una ruptura con alguien de nuestro entorno debido a una traición o pelea.

- Por la pérdida de algo importante: un trabajo, nuestra salud, nuestra casa...

- Por un rechazo.

- Por un sueño roto de la infancia.

- Por un proyecto que fracasó o quedó interrumpido.

- Por una amputación u operación importante.

- Cuando dejamos ir algo que nos ha acompañado mucho tiempo: desde vender la casa familiar hasta superar un trauma infantil (en este último caso, el duelo no es por el trauma, sino por dejar atrás el trauma).

El duelo tras la pérdida de algo o alguien valioso es inevitable, seamos conscientes de ello o no. Cuando se trata de algo evidente, hacemos el duelo de forma consciente: nos damos un tiempo de recuperación, nos permitimos llorar, etc. Pero a veces no somos conscientes de que debemos hacer un duelo por algo. En ese caso, entramos en conflicto con nuestras necesidades emocionales al negarnos la posibilidad de llorar la pérdida, o al tratar de acortar el tiempo de transición para «recuperarnos» cuanto antes. Entonces, el duelo puede convertirse en patológico.

Una pérdida no asimilada de forma correcta dará lugar a problemas emocionales en el futuro. Se trata de nuestro sistema nervioso reclamando el tiempo o la atención que no se le ha dado para el duelo, y continuará creando malestar hasta que no se termine. En cambio, un duelo bien elaborado no solo nos permite seguir con nuestra vida en paz, sino que mejora nuestras capacidades y recursos para lidiar con futuras situaciones de pérdida, frustración o sufrimiento.

Hay que recordar que los duelos forman parte de la vida. No conozco a nadie que no se haya tenido que enfrentar alguno.

¿Cuánto dura un duelo? Cada persona afronta los cambios de una manera diferente y la misma circunstancia afecta de distinto modo a cada individuo. Aún así, se considera que un duelo «normal» dura 1 año, coincidiendo con el aniversario del hecho que lo desencadenó y pasando una vez por cada fecha señalada sin esa persona o ese hábito.

Etapas del proceso de duelo

El proceso de duelo pasa por varias fases, que se prolongan más o menos en el tiempo según el caso hasta llegar al momento en que se asume la nueva situación.

Fue la psiquiatra Elisabeth Kübler-Ross, experta en acompañamiento en procesos de duelo y de enfermedades terminales, la que propuso las conocidas 5 etapas del duelo.[7]

Las 5 etapas del duelo, por orden, son:

1. **<u>Negación</u>**: En un primer momento hay incredulidad ante lo ocurrido: «No puede ser» es lo primero que pensamos. «Esto no está pasando», «Es un error», etc. Aquí nuestra parte racional entiende lo que ha sucedido, pero nuestra parte emocional, aún no. Nuestras emociones reales aún no han salido a la superficie.

---

[7] El modelo de las cinco etapas del duelo fue presentado por primera vez por la psiquiatra suizo-estadounidense Elisabeth Kübler-Ross en su libro *On death and dying*, en 1969.

2. **Ira**: Al reconocer lo que ha pasado entramos en una fase de enfado, ira y sensación de injusticia. Decimos: «¡No es justo!», «¿Por qué a mí?», «Yo no merezco esto», «¿Es que nadie va a hacer nada?», etc. La ira es natural en este estadio del duelo, y hay que permitirla.

3. **Negociación**: En esta etapa, se buscan alternativas a lo que ha sucedido. Se «negocia» con la realidad para poder afrontar lo que ha pasado. Aquí se suele fantasear con otros escenarios, o con la idea de cambiar la realidad para hacerla menos dura: «Necesito hablar por última vez con esa persona». «Dios, dame un poco más de tiempo». «Si me lo devuelves, prometo...», «Tal vez si yo hago esto, conseguiré...». También es común darle vueltas a qué se podría haber hecho para evitar esa pérdida, o se intenta hacer cosas a destiempo.

4. **Depresión:** Cuando finalmente surge el dolor real. Se trata de un periodo de tristeza y pesimismo distinto al impacto de los

primeros momentos. Aquí la persona tiene menos ganas de hacer cosas, más dificultades para llevar su día a día, para ilusionarse o pasarlo bien con las cosas que antes disfrutaba, etc.

5. **Aceptación:** Se asume la pérdida y se está listo para continuar sin lo que se ha perdido. Se entiende que la pérdida forma parte de la vida. A menudo esta fase se acompaña con nuevos hábitos, nueva gente, cambio de lugar de residencia, etc.

¿Qué diferencia un duelo sano de uno patológico? Pues, precisamente, el transcurrir por esas fases. Un duelo se vuelve patológico cuando la persona se atasca en una de las fases. En ese caso, las emociones, los pensamientos y las acciones relacionadas con ellos no se suavizan con el tiempo, como es de esperar, sino que se mantienen igual o se intensifican.

Duelo por la pérdida de una persona que se va de nuestra vida

Igual que ocurre con la pérdida literal (la persona que fallece), la pérdida simbólica (una ruptura sentimental, por ejemplo), necesita su duelo, y eso implica darse un tiempo de transición entre la vida con esa persona y la nueva vida sin ella.

En el caso de una ruptura sentimental, hay que entender que lo que deseas o necesitas en una relación, no lo vas a encontrar en esa persona, ya sea porque no quiere o porque no puede dártelo. No importa si en el pasado fue distinto: la realidad es que ahora ya no puedes contar con esa persona de forma sentimental. No puede o no quiere ser tu pareja. Aferrarte a ello os hará sufrir a los dos inútilmente.

Para aceptar la separación, debemos reflexionar sobre qué nos aporta esa relación hoy, o qué nos aportaba durante el tiempo inmediatamente anterior a la ruptura. ¿Es eso lo que queremos o necesitamos el resto de nuestra vida?

Cuando no se acepta una ruptura, a menudo la persona se queda atascada en una de las tres primeras fases del duelo. Entonces pueden aparecer los deseos de venganza, el acoso o control de la nueva vida de la otra persona, el negarse a avanzar, el tratar de convencer, etc. Nada de eso funciona.

Cuando una persona se va de nuestro lado, o cuando nosotros decidimos separarnos de ella, es necesario entender que no somos propiedad de nadie, y que nadie nos pertenece como si fuera un objeto que hemos comprado. Si bien la fidelidad y el compromiso son parte de nuestra responsabilidad afectiva, creer que alguien nos debe su amor es completamente inmaduro.

Duelo por quienes nos hicieron daño

Recordar constantemente a quienes nos han herido no solo causa un sufrimiento inútil en el presente, sino que también nos impide sanar.

Eso nos sucede cuando nos preguntamos una y otra vez cómo esa persona fue capaz de hacernos tanto daño, cómo pudieron traicionarnos de esa manera, o cómo la gente puede ser tan cruel. También ocurre cuando tramamos venganzas (suelen ser más perjudicial para quien las trama que para quien las recibe), o guardamos rencor (en realidad, nunca seremos felices mientras vivamos ahogados en el resentimiento).

Entonces, ¿debemos perdonar a quienes nos hirieron a propósito?

Ante situaciones de injusticia, muchos psicólogos animan a las víctimas a perdonar. Yo no soy de esa opinión. Perdonar a quien no le importó dañarnos, y que volvería a hacerlo si pudiera, o a alguien que jamás mostró ni muestra arrepentimiento es absurdo y es una humillación para las víctimas. Una cosa es no querer vivir con rencor y otra cosa es perdonar a alguien que se ríe de nuestro dolor.

El perdón, en mi opinión, puede llegar de forma natural tras la recuperación, y es elección personal de cada víctima. Por mi experiencia, sé que se puede sanar y superar las heridas de traición y abandono sin llegar realmente a perdonar al agresor o al abusador.

En vez de eso, lo básico es hacer bien el duelo. ¿Cómo se enfoca el duelo por una persona que nos hirió?

El duelo en este caso es:

- Por la confianza que depositamos en aquella persona y que hemos perdido.

- Por el tiempo que le dedicamos a esa persona sin que lo mereciera, y que nunca recuperaremos.

- Por todo el tiempo que perdimos tratando de recuperarnos de sus heridas y de mantener la relación al mismo tiempo, cuando la otra persona ni siquiera parecía preocupada.

- Por todo lo que podría haber sido y no fue por culpa de esa persona o lo que nos hizo.

- Porque esa persona «ha muerto» en el sentido de que nunca más podrá tener nuestra confianza ni admiración.

- Porque esa persona jamás existió (la persona que teníamos idealizada, o que creíamos que era de otra manera).

- Por la persona que éramos nosotros entonces, cuando nos lastimaron y no pudimos defendernos.

Una vez elaborado el duelo, podremos dejar ir. Nunca olvidaremos, pero seremos capaces de aceptar eso como parte de nuestra historia (y no como parte de nuestro presente).

Termino con una cita de Steve Maraboli que me parece especialmente inspiradora: «Dejar ir significa darse cuenta de que algunas personas son parte de tu historia, pero no de tu destino».

Resumen del capítulo 5

– El duelo es el proceso de adaptación a una nueva realidad tras una pérdida.

– El duelo suele ser por la pérdida real (fallecimiento) de alguien querido, pero también puede hacerse por otras circunstancias, como una ruptura sentimental, una enfermedad o un despido laboral.

– El duelo suele requerir 5 etapas sucesivas: negación del suceso, ira, negociación, depresión y aceptación.

– El duele puede ser corto o largo, sin que eso determine nada. Lo que convierte un duelo en patológico es quedarse atrapado en una de sus fases.

– Debemos permitirnos hacer duelos por todo lo que consideremos necesario.

Usa estrategias para soltar

*«Demolí todos los puentes detrás de mí para no tener
otra opción que seguir adelante.»*

— Fridtjof Nansen

No existe un manual de instrucciones ni una fórmula mágica para dejar ir a alguien o algo sin sufrir. Pero sí que existen algunas estrategias para hacerlo más llevadero.

En este capítulo veremos 10 técnicas que te ayudarán en el proceso de soltar apegos. Si este libro fuera un libro de cocina, estas técnicas serían como los distintos cuchillos disponibles.

Antes, debemos asumir algo para no tener la sensación de fracaso a la primera de cambio: soltar NO garantiza la felicidad inmediata. No te levantarás mañana y dirás: «Vaya, ya he soltado, ahora ya soy feliz. ¡Qué diferencia!». Pero lo que es seguro es que, si no sueltas, nunca serás feliz.

Estrategia 1: Apóyate en tu hemeroteca

Ya sabes que la hemeroteca es el lugar donde se guardan los archivos relativos a acontecimientos reales en forma de noticia o actualidad con el fin de que estén disponibles para su consulta. Trasladado a nuestra vida, podríamos decir que la hemeroteca es donde se archiva nuestro pasado.

Y ya hemos dicho que el pasado es el lugar al que acudir para consultar y aprender (¡no donde quedarte a vivir!), y eso es lo que haremos en este ejercicio:

1. Piensa en un vínculo disfuncional que tengas en ese momento y que no quieres soltar por

miedo a no saber vivir sin ello o a fracasar si no lo tienes.

2. Una vez tengas claro el vínculo y confirmes que sigue provocándote malestar, mantenlo en tu mente. Mentalízate de que este ejercicio es para demostrarte que tienes los recursos suficientes como para seguir adelante sin ello. De que estés listo y que no ocurrirá nada malo.

3. Ahora, viaja a tu hemeroteca para encontrar situaciones pasadas en las que rompiste vínculos a los que te mantenías muy aferrado: el flotador cuando eras pequeño, tu hermano cuando se fue a vivir al extranjero, tu primera pareja, tu mejor amigo, los consejos de tu abuelo...

4. Recrea mentalmente el proceso de soltar, tanto si fue voluntario por tu parte como si fue un hecho natural que ocurrió. Pregúntate si entonces fuiste capaz de sobrevivir. Convéncete de que, igual que sucedió

entonces, también ahora vas a encontrar la manera de seguir y crecer sin eso.

Este ejercicio no tiene por objetivo que creas en revelaciones mágicas de tu pasado, sino convencerte de que puedes soltar porque eres capaz de seguir sin ello.

Estrategia 2: El contacto cero

Llamamos «contacto cero» a una decisión consciente y voluntaria de cortar absolutamente todas las vías de comunicación con una persona tóxica con la que hemos tenido algún tipo de relación, en especial, con una persona narcisista.

Es muy tentador buscar a esa persona en redes sociales, preguntar por ellas a intermediarios o «dejarles mensajes indirectos» a través de las redes sociales. No lo hagas, no sirve para nada y seguirás enganchado.

Este contacto cero también se aconseja hacia personas que, sin ser tóxicas, también nos provocan dolor en la actualidad (por ejemplo, una expareja que ya ha rehecho su vida).

No saber nada de la otra persona facilita el no tener la tentación de «responder» con nuestros actos y nos obliga a actuar según nuestro propio criterio, y no condicionados por cómo puede recibir la otra persona nuestros actos.

Por poner un paralelismo muy básico, si eres alcohólico y estás en rehabilitación, no pases por delante de tu bar preferido, ni trates de indagar qué gente va por ahí, o si ha hecho reformas.

Estrategia 3: Cambia de aires

Si estás tratando de olvidar a una persona, no vayas a los lugares que te recuerden a ella. Si un accidente o enfermedad te ha apartado de los escenarios o de las pistas de esquí, no vayas a visitarlas en un tiempo. Si has decidido dejar de beber, aléjate de las fiestas por ahora. Evita exposiciones innecesarias.

En su lugar, prueba cosas nuevas. Canaliza tu energía hacia nuevos proyectos o experiencias. Y no hablo solo de apuntarte a clases de pintura «por hacer algo nuevo», porque ya sabemos que las vas a abandonar antes de que acabe el año. Me refiero a hacer algunas cosas de forma distinta, o de aprender algo que te lleve a aprender algo nuevo *de ti mismo*. Si ese algo son las clases de pintura, maravilloso. Pero si no, no lo hagas por llenar tu tiempo con actividades que no te dicen nada. Hacer cosas nuevas también es redecorar tu casa, aprender a cocinar comida griega, adoptar un perrito, ver series que no te llaman la atención (sí, salir de tu zona de confort televisiva), apuntarte a una *masterclass* de algo de lo que no tienes ni idea o hasta ahora no te había interesado demasiado, comprarte unos zapatos elegantes que NO son de tu estilo....

Por supuesto, cambiar de aires también incluye conocer a gente nueva. Y la *gente nueva* puede ser tu vecina del tercero con la que nunca has intercambiado más de dos frases. Pregúntale si sabe de algún gimnasio o restaurante de comida italiana por aquí cerca, cualquier cosa.

Estrategia 4: Aléjate de personas que no suman.

Debes plantearte dejar de aguantar a gente solo porque te sabe mal dejarla. Solo tienes una vida, no permitas que la ocupen personas que no te hacen sentir bien. Cuanto menos tiempo compartas con la gente tóxica, más tiempo ganarás para compartir con la gente que merece la pena.

¿Qué es la gente tóxica? Es fácil: ¡la gente que se lleva tu energía! Es...

- La gente envidiosa.

- La gente mentirosa.

- La gente negativa.

- La gente que se hace la víctima o los *drama queen*.

- La gente manipuladora.

- La gente con comportamientos erráticos, que nunca sabes si son de fiar o no.

- La gente chismosa y criticona.

- La gente desafiante.

Todos tenemos malas épocas y todos tenemos días en que estamos insoportables. No vas a abandonar a un amigo porque un día se ha puesto muy pesado. Nadie es perfecto y debemos saber tolerar. Pero hay una diferencia entre ser tolerante y que te tomen el pelo.

Así que aléjate de la gente que nunca suma a tu lado. Si no es posibles darles portazo de inmediato porque son parte de tu familia o de tu lugar de trabajo, debemos aprender a manejarlas (no manipularlas, son cosas distintas), para que no nos drenen toda nuestra energía. Ahí van algunas estrategias:

- Distancia emocional: algunas de estas personas interpretan dramas merecedores de Óscar. Sé impasible cuando detectes que hacen un papel o que, aunque su sufrimiento sea real, insisten en que tú tienes la obligación de ayudarlas.

- Poca información: no hay que ofrecer datos sensibles o innecesarios sobre ti. Reduce las interacciones a conversaciones neutrales y no muestres tus sentimientos hacia ningún tema susceptible de convertirse en arma arrojadiza. Sé poco concreto, incluso olvidadizo en las cosas de tu vida. Lo agradecerás.

- Dales la razón: los «vampiros» suelen ser gente infantil y consentida. No te empeñes en cambiarla, lo que esa gente necesita es quedar por encima de ti. Dales la razón como a los tontos y en paz.

- Poco tiempo: procura estar siempre ocupado para esa gente. Por A o por B, se te pasan las semanas volando... y no tienes tiempo para dedicarles.

Estrategia 5: Atiéndete como si fueras otra persona

¿Conoces el dicho «Consejos vendo que para mí no tengo»? Pues esta estrategia va de eso.

El acto de soltar, en el fondo, es un acto de amor propio y de respeto hacia uno mismo. Si tenemos la autoestima baja, si no sabemos respetarnos o poner límites personales a ciertas persones, siempre vamos a encontrar excusas. Así que vamos a trasladarlo a «otra persona».

Ahora imagina que tu trabajo es ayudar a alguien a soltar un vínculo que le está produciendo mucho dolor y limitaciones. Esa persona confía en ti y se pone en tus manos para ello. Es tu trabajo y tú cobras por ello. ¿Cómo lo harías?

Hazlo, pero siendo tu propio paciente y de la forma más profesional que puedas. No juegues, tómatelo en serio y, si es necesario, págate a ti mismo unos honorarios por este trabajo.

Estrategia 6: Practica la renuncia

Este ejercicio es el más estrafalario de esta serie. De hecho, mis amigos no se creen que yo sea capaz de recomendarlo como terapia. ¡Pero funciona!

Ya hemos dicho que no soltamos por miedo a enfrentarnos a la vida sin eso. Y es normal, nuestro cerebro siempre va a resistirse a los cambios inciertos. Pero tú sabes que puedes y que es mejor para ti, así que demuéstrale a tu cerebro que vas a sobrevivir. ¿Cómo? Con pequeñas pruebas diarias de lo que eres capaz.

Por ejemplo: cambia un día de almohada de dormir. En vez de usar la tuya de siempre, usa otra por una noche. Tu cerebro va a protestar, por supuesto. Pero se trata de demostrarle que puedes superar una noche «distinta». O cambia de lado de la cama si siempre duermes en el mismo. O duerme una noche en el sofá sin motivo aparente.

¿Quieres más ideas? Come un día de pie en vez de sentado. No mires la tele ni ningún contenido online durante dos días seguidos. Tómate el café sin azúcar. Escucha una canción que no te gusta. Renuncia a pequeñas cosas y pregúntate al día siguiente si «fue tan grave».

El objetivo de este ejercicio no es amargarte la vida. Es enseñarle a tu cerebro que eres capaz de adaptarte a las situaciones que vengan.

Estrategia 7: Centrando tu energía en el día a día

Es el momento de empezar a fijarnos en nuestro día a día «práctico», en las acciones que llevamos a cabo a diario, y en el porqué de ellas, desde ir a trabajar hasta preparar la cena.

La idea es pasar una etapa de «cuestionamiento» de nuestra actualidad: ¿Qué tal es nuestro día a día? ¿Somos eficientes en las tareas? ¿Alguna vez damos las gracias por lo que tenemos al despertarnos cada mañana? ¿Fuimos felices ayer por la tarde? ¿Qué debería haber pasado esa misma tarde para que nuestra felicidad fuera completa?

Al acostumbrarnos a centrarnos en nuestro presente, dedicamos menos energía a pensar y sobrepensar en otras cosas. Vamos paso a paso, siendo conscientes de nuestros logros. De esa forma, debilitamos el autosabotaje, el miedo y la inseguridad y, sobre todo, la enorme fuerza de gravedad que ejerce nuestro pasado sobre nosotros.

Estrategia 8: Vacía tu casa

Esta estrategia es parecida a la 3 (Cambia de aires), pero un poco más radical: se trata de hacer limpieza física de tu espacio para ponerlo en sintonía con la nueva etapa que quieres tomar.

Así que, al más puro estilo de Marie Kondo o de los Minimalistas,[8] deshazte de todo lo que no te sirva en tu momento presente: objetos que no usas, fotos, recuerdos, ropa que no te pones, libros que no tocas hace años, papeles, etc.

Si ya no sales con esa persona, saca de tu vista las fotos que tienes con ella, o de los lugares o

---

[8] Tanto Marie Kondo como el movimiento minimalista defienden deshacerse de la enorme cantidad de cosas que acumulamos en nuestras casas y que no nos aportan nada a nivel emocional.

actividades que te relacionan con ella. Si esa persona, además, te traicionó, destruye las fotos.

Vende o regala todos los objetos que no usas y sigues almacenando. Las raquetas de cuando jugabas a tenis, la guitarra de cuando soñabas con ser músico, los esquís, la ropa de la universidad... No puede ser que en tu casa haya más cosas de tu pasado que de tu presente.

Del pasado, guarda solo los objetos que te hagan feliz, los que te aporten paz, serenidad o recuerdos gratificantes. Elimina de tu horizonte todo lo que te hace daño, incluso si en el pasado tenía sentido, o si alguien puede sentirse ofendido. Analiza lo que te rodea y aplícale aquello de «Aporta o aparta». ¿Te hace feliz este cuadro? ¿Te reconforta? Entonces, quédatelo. ¿No te dice nada, pero fue un regalo y te sabe mal tirarlo? Fuera. ¿Es un recuerdo de la adolescencia, pero ahora mismo te produce malestar? Apártalo de tu vista. ¿No te produce malestar, pero no sabes ni por qué lo tienes? Quítalo y libera espacio para algo nuevo.

Deshazte también de todos los «por si acaso», o «por si un día»: regala los viejos pinceles que sigues guardando por si un día retomas la pintura. Vende la tabla de surf que sigue esperando a que tengas tiempo para volver a hacer surf. Tira las viejas maderas que guardas por si acaso. Todo ello te entrenará para soltar otras muletas y cargas más emocionales.

Estrategia 9: Piensa en la taza Zen

¿Recuerdas la cita de la taza llena al inicio del capítulo 1? Aquí te dejo el cuento entero.

Cuenta la leyenda que, en una ocasión, un hombre muy inteligente y muy sabio fue a ver a un monje budista porque aún no tenía ciertas respuestas que anhelaba conocer.

Para encontrarse con él, ese hombre caminó días, subió montañas e hizo un gran esfuerzo porque realmente deseaba conocer la verdad. Pero, cuando el monje lo recibió, el visitante se puso nervioso porque creyó que tal vez no era la persona que el monje esperaba recibir, o tal vez no era digno de sus respuestas. Así que empezó a hablar para demostrar que estaba preparado. El monje se mantuvo en silencio, esperando a que el visitante terminara.

Cuando trajeron el té, el hombre se ofreció él mismo para llenar las tazas y continuó hablando.

Entonces, el monje tomó la tetera y siguió llenando la taza del visitante, aunque ya estaba llena. El té rebosó la taza y empezó a derramarse por la mesa.

Al verlo, el visitante dejó de hablar y le comentó que la taza ya estaba llena. El maestro se detuvo, pero el té ya se había derramado por la mesa y caía al suelo. Cuando el hombre le preguntó por qué lo había hecho, el maestro le explicó que, como la taza, el visitante estaba lleno de sus propias ideas y opiniones, y no las había apartado para recibir nada nuevo, al contrario: por querer demostrar que estaba preparado o que sabía muchas cosas, había impedido recibir nada nuevo.

Entonces, el hombre se bebió todo el té de su taza y se la ofreció al monje vacía para que este se la llenara.

Este cuento ilustra lo que te pierdes cuando no permites que entre nada nuevo en tu vida. Recuerda que, cada vez que liberas un espacio en tu mente, en tu agenda o en tu corazón, abres la puerta a que algo bueno ocurra y la vida te sorprenda.

Estrategia 10: La carta de despedida

Escribir cartas es un ejercicio muy usado en psicología para abordar distintos problemas emocionales. En este caso, el ejercicio consiste en escribir una carta de despedida a aquello que ya no vamos a mantener más a nuestro lado. Una última conversación (o monólogo) sobre algo.

Te propongo que escribas tu carta de despedida a algo que ya no vas a permitir que siga en tu vida. La carta puede contener referencias a personas o cosas, y puede hablar de la ira y el rencor que hemos acumulado, o bien de la tristeza o el miedo...

Te doy algunas pautas:

- En esta carta debes comunicar todo lo que te pase por la cabeza (no es una carta formal): todo lo que te habría gustado hacer o decir en esa situación, todas las cosas de las que te arrepientes en relación a eso, todo lo que harías ahora si pudieras volver, etc.

- También debes dejar claros los motivos que te han llevado a esta decisión (la de despedirte). Aunque el suceso no lo provocases tú, la decisión de acabar con el malestar posterior sí es cosa tuya.

- Debes terminar la carta despidiéndote de esa persona, cosa o emoción con un compromiso contigo mismo, una promesa de pasar a la acción.

- Imagina que tienes a la persona o la situación delante. Léele la carta. Léela tantas veces como te sea necesario, hasta que sientas que la carta te libera, que ya no queda nada más por decir.

- Destruye la carta: Quémala o rómpela, y lleva las cenizas o los restos a un lugar alejado de tu casa y entiérralos. Termina de despedirte y márchate.

Recuerda que, aunque la carta vaya dirigida a una persona, la idea no es que esa persona la lea en ningún momento: esa carta es solo para ti.

Resumen del capítulo 6

– Existen varias estrategias que podemos poner en práctica para lidiar con el proceso de dejar ir.

– Algunas simbolizan físicamente el acto de soltar, como por ejemplo escribir y quemar una carta de despedida, o hacer limpieza de los objetos del pasado en casa.

– En otros casos, se recomienda el contacto cero con las personas que nos hacen daño o que debemos olvidar.

– Cambiar de aires, conocer gente nueva o centrarnos en nuestro día a día son actos que nunca deberíamos dejar de hacer.

Prepara el día siguiente

«Me pertenezco y, por tanto, puedo construirme.»

— Virginia Satir

Hemos llegado al último paso de nuestro proceso de soltar. Este paso es sencillo: se trata de tener el camino listo ante nosotros para no quedar parados una vez nos hayamos liberado de las cargas.

Lo mencionaba ya en el capítulo 2: hay que tener objetivos y proyectos que tiren de nosotros hacia adelante, ya que el pasado suele tirar de nosotros hacia atrás.

Cuando digo esto, a menudo, algún paciente me dice: «¡Eso es auto engañarnos! Tú quieres que me centre en fantasear sobre el futuro para que no mire al pasado». No es cierto. Por lo menos, no si hemos seguido mi método de 7 pasos. Lo que yo propongo es tener preparado el día siguiente para no tener la tentación de volver a los apegos del pasado. Es decir: para no recaer.

Para eso, los objetivos de futuro, tanto los de la semana que viene como los de dentro de 10 años, deben ser ilusionantes. Y deben ser propósitos y proyectos con los que nos identificamos, no sueños copiados de otras personas.

¿Por qué involucrarnos en nuevos objetivos?

Las mayores dosis de felicidad que tendremos en esta vida vienen de los buenos resultados de nuestras propias acciones y decisiones. Para ello, debemos tener metas que nos inspiren a seguir creciendo y actuando según nuestros valores.

Nathaniel Branden, un pionero en el estudio de la autoestima, decía que uno de los pilares fundamentales de una vida plena es vivir con propósito, es decir: llenar nuestra vida de significado. ¿Qué significa eso? Pues tener proyectos alineados con nuestros valores, capacidad de crecimiento y pasiones.

Los propósitos de vida (también significados o motivaciones profundas), son las razones últimas por las que queremos vivir. Son las misiones personales y voluntarias que nos dicen quién somos y cuál es nuestro lugar en el mundo. Son las cosas por las que nos gustaría ser recordados dentro de 100 años.

Esos propósitos guían nuestras decisiones y no pueden ser impuestos por nadie. No es necesario que sean transcendentales o que cambien el rumbo de la Humanidad: basta con que tenga sentido para nosotros.

¿Tienes claros tus propósitos de vida? ¿Sabes para qué vives a día de hoy? Visualízate dentro de un año. Visualízate como alguien de 85 años que es feliz con su vida. ¿Por qué deberías estar feliz? ¿Qué has conseguido para tener esa sonrisa de satisfacción en los labios? ¿Una familia feliz? ¿Un trabajo útil e inspirador para otros? ¿Un descubrimiento significativo? ¿Has conseguido salvar el negocio familiar? ¿Levantar un negocio nuevo con empleados orgullosos de su trabajo? ¿Llevar una vida íntegra pese a los golpes que has tenido que soportar?

Todos tenemos algo que deseamos profundamente. Algo que nos gusta hacer o que podemos estar haciendo durante horas. Cuando podemos, hacemos de ello nuestro timón de vida. Con menos suerte, hacemos de ello algo que nos acompaña en nuestro tiempo libre. Si quieres estar orgulloso de ti, si quieres irte a dormir cada noche con esperanza, busca esos objetivos.

Ten un buen plan

Si tienes objetivos, debes tener planes. Los planes son las hojas de ruta que te llevarán a los objetivos.

¿Qué debe incluir un buen plan[9]?

1. Lo que te hayas propuesto mejorar o lograr en forma de objetivos concretos (no vale anotar «crecer espiritualmente», hay que incluir metas específicas).

2. Los posibles problemas y sus soluciones. Las puedes ir apuntando a medida que las vayas encontrando.

3. Las renuncias: las cosas que deberás sacrificar mientras ejecutas el plan o de forma permanente.

---

9 Tratado en los libros El poder de los objetivos (*www.danieljmartin.es/books/po*) y El poder de la disciplina (*www.danieljmartin.es/books/pd*).

4. Todo lo que vas a realizar para conseguirlos: los nuevos hábitos, fechas, cambios en tu dinámica de gastos, aprendizajes, mejoras en tu auto cuidado...

5. Todas las respuestas a todas las preguntas que seas capaz de prever ahora mismo.

Busca asesoramiento para tu plan y pide *feedback* a expertos. Hay un montón de perfiles profesionales que ofrecen servicios de consultoría y pueden ayudarte.

Luego debes pautar el plan en una sucesión de pasos. Por ejemplo:

1. Define la meta. Por ejemplo: cambiar de ciudad o de sector profesional.

2. Define tus virtudes y fortalezas relacionadas con esa meta. ¿Qué tienes a tu favor?

3. Asume el punto exacto del que partes ahora mismo. ¿Qué te falta? Apunta todo lo que

implica conseguir esa meta por orden de ejecución.

4. Márcate una fecha de inicio y una fecha de final (aproximada, no somos adivinos).

5. Mentalízate y céntrate en eso cuando empieces. Busca la manera de ir anotando los logros, el progreso y los fallos.

Resumen del capítulo 7

– En la vida hay que tener siempre objetivos y proyectos que nos ilusionen y nos motiven.

– Estos objetivos y proyectos pueden ser grandes o pequeños, muy significativos para la Humanidad o poco, lo importante es que sean nuestros y tengan sentido para nosotros.

– Los objetivos y propósitos de vida deben ir acompañados de un plan realista.

– Ver el futuro con esperanza no solo nos permite soltar sino también conocernos y amarnos más a nosotros mismos.

Alza el vuelo, ¡suelta tus cadenas!

Fin del proceso. Aquí nos separamos —por ahora. Espero que este libro te haya gustado y, sobre todo, espero que hayas encontrado en él las respuestas que andabas buscando.

Por mi parte, he insistido mucho en la necesidad que tenemos de cortar con el pasado porque me parece esencial para construir la vida que realmente queremos.

Como he dicho un par de veces en el libro, el pasado y los apegos ejercen una poderosa fuerza de gravedad sobre nosotros. Por un lado, está bien, porque nos aportan sentido de identidad y de pertenencia, necesarios en el ser humano. Por el otro... ya hemos visto lo difícil que es separarnos de lo que tuvo sentido alguna vez, aunque ahora nos perjudique. Así que, si has llegado hasta aquí, solo me queda felicitarte por haberte comprometido con tu propia libertad. No hay mucha gente que lo haga y, créeme, no hay plenitud si no tenemos capacidad de vivir según quién somos y no según lo que se espera de nosotros o lo que hicimos en el pasado. Así que FELICIDADES.

Espero haberte ayudado —aunque solo fuese a dar el primer paso. En esta guía has descubierto un método sencillo de 7 pasos que te guiarán en el proceso de dejar ir. Y si, tras leer este libro, dejas de pelearte con tu pasado —y con la persona que te espera al otro lado del espejo desde que te levantas hasta que te acuestas—, ya me doy por satisfecho.

Ahora sabes que aprender a dejar ir conduce a una vida sin miedo al vacío o la incertidumbre.

Entender que los duelos son una parte continua e inevitable de la vida y enfrentarlos es esencial para el bienestar interior. Lo contrario solo lleva a un ciclo emocional sin fin.

Es tu turno. Confío en que no hayas llegado a este punto solo para quedarte aquí. Espero que sigas avanzando y no te detengas hasta que no estés seguro de que todo lo que tienes a tu alrededor, todos tus apegos y vínculos, suman valor a tu vida en lugar de restarle.

No podemos cambiar el pasado, ni podemos controlar lo que sucede a nuestro alrededor. Pero sí podemos decidir cómo queremos que eso nos afecte cada día.

Llega lejos, solo o en buena compañía (no caben más opciones). Asegúrate de llevar poco equipaje y no tengas miedo: ¡estás listo para volar!

Daniel

Tu opinión es muy importante

Como autor independiente que soy, tu opinión es muy importante para mí y para futuros lectores como tú. Te estaría enormemente agradecido si me dejases **un comentario** en tu plataforma favorita diciéndome qué te ha parecido mi libro **para así poder seguir mejorándolo**:

- ¿Qué es lo que más te ha gustado?
- ¿Hay algo que hayas echado en falta?
- ¿A quién se lo recomendarías?
- ...

¡Un regalo solo para ti!

¿Te gustaría leer **mi próximo libro completamente GRATIS**? ¡Escanea el código que aparece debajo y **apúntate a mi club de lectores**!

Te esperan grandes sorpresas: sé el primero en leer mis nuevos lanzamientos, escucha mis audiolibros de forma gratuita, consigue copias firmadas y dedicadas... ¡y mucho más!

Otros libros de Daniel J. Martin